ÉTUDES DE PHILOSOPHIE NATURELLE
2ᵐᵉ SÉRIE : N° 5

LA
CLASSIFICATION RATIONNELLE
ET
LE CALCUL INFINITÉSIMAL

PAR

J.-ÉMILE FILACHOU
Docteur ès-Lettres.

Nova et vetera.
Matth. XIII, 52.

MONTPELLIER
Félix SEGUIN, Libraire-Éditeur
Rue Argenterie, 25.

PARIS
DURAND & PEDONE-LAURIEL
Rue Cujas, 9.

1875

En Vente chez SEGUIN, Libraire
rue Argenterie, 25, à Montpellier

OUVRAGES DU MÊME AUTEUR

Examen de la rationalité de la Doctrine Catholique. 1 vol. in-8°. 1849.
La clef de la Philosophie, ou la vérité sur l'Être et le Devenir. 1 vol. in-8°. 1851.
Traité des Facultés. 1 vol. in-8°. 1859.
De Categoriis. Dissertatio philosophica. 1 vol. in-8°. 1859.
Principes fondamentaux de Philosophie mathématique. 1 vol. in-8°. 1860.
De la pluralité des mondes. 1 vol. in-12. 1861.
Traité des Actes, Sommaire de Métaphysique. 1 vol. in-12. 1862.

ÉTUDES DE PHILOSOPHIE NATURELLE.

N° 1. Système des trois règnes de la nature. 1 vol. in-12. 1864.
N° 2. Réponse directe à M. Renan, ou démonstration philosophique de l'incarnation. 1 vol. in-12. 1864.
N° 3. De l'expérience de Monge au double point de vue expérimental et rationnel. 1 vol. in-12. 1869 (3e édition).
N° 4. De l'ordre et du mode de décomposition de la lumière par les prismes. 1 vol. in-12. 1870.
N° 5. De l'ordre et du mode de décomposition de la lumière par les prismes ; Nouvelles preuves à l'appui. 1 vol. in-12. 1872.
N° 6. Sens et rationalité du dogme eucharistique. 1 vol. in-12. 1872.
N° 7. Démonstration psychologique et expérimentale de l'existence de Dieu. 1 vol. in-12. 1873.
N° 8. De l'ordre et du mode de décomposition de la lumière par les bords minces. 1 vol. in-12.
N° 9. Le système du monde en quatre mots. 1 vol. in-12.
N° 10. Classification raisonnée des Sciences naturelles. 1 vol. in-12.
2e SÉRIE : N° 1. La mécanique de l'esprit conforme aux principes de la classification rationnelle. 1 vol. in-12.
N° 2. Organisation et unification des sciences naturelles. 1 vol. in-12.
N° 3. L'Histoire naturelle éclairée par la théorie des axes (avec planche). 1 vol. in-12.
N° 4. La mécanique de l'esprit par la trigonométrie. 1 vol. in-12.

Montpellier. — Typogr. ROEHM et FILS.

ÉTUDES DE PHILOSOPHIE NATURELLE
2me Série : N° 5

LA
CLASSIFICATION RATIONNELLE
ET
LE CALCUL INFINITÉSIMAL

POUR PARAITRE PROCHAINEMENT:

(2ᵐᵉ Série.)

Nº 6. **La Classification rationnelle et la Phénoménologie transcendante.** 1 vol. in-12.

Nº 7. **La Classification rationnelle et la Géologie.** 1 vol. in-12.

Nº 8. **La Classification rationnelle et la Pragmatologie psychologique.** 1 vol. in-12.

Montpellier. — Typ. Boehm et Fils.

ÉTUDES DE PHILOSOPHIE NATURELLE
2me SÉRIE : N° 5

LA
CLASSIFICATION RATIONNELLE
ET
LE CALCUL INFINITÉSIMAL

PAR

J.-ÉMILE FILACHOU

Docteur ès-Lettres.

Nova et vetera.
Matth. XIII, 52.

MONTPELLIER	PARIS
Félix SEGUIN, Libraire-Éditeur	DURAND & PEDONE-LAURIEL
Rue Argenterie, 25.	Rue Cujas, 9.

1875

AVANT-PROPOS

Il n'y a point d'Auteur — à moins qu'il ne soit inspiré, d'infaillible, et nous n'aspirons point à passer pour tel. Ce que nous prétendons infaillible, et non-seulement infaillible, mais fécond, lumineux, excellent, c'est notre méthode.

Si notre méthode est bonne, il importe peu que nous nous trompions quelquefois ; nos erreurs nous seront personnelles, et nous tiendrions, pour notre instruction, à ce qu'on en relevât beaucoup en nos écrits, sans nous sentir pour cela découragé. Nous nous sentirions au contraire écrasé, si l'on parvenait à démontrer que notre méthode tombe en défaut. Mais on ne l'a pas encore fait, et nous ne craignons pas qu'on le fasse.

Les propositions neuves que nous avançons dans cet opuscule, ne sont pas de celles qu'envient les virtuoses en mathématiques ; mais elles sont, à notre avis, capitales en philosophie (si nous pouvons ainsi parler) mathématique. Les conséquences que nous en tirons ne nous paraissent point, non plus, insignifiantes ; et voilà pourquoi nous n'avons pas hésité de joindre cet écrit aux précédents. On en jugera diversement, mais on ne fera pas que ce qui sera dit, ne soit dit ; et, quant au fond des choses, s'il est bon ou mauvais, utile ou superflu, l'avenir le décidera.

Cassagnoles, le 1ᵉʳ mai 1875.

LA CLASSIFICATION RATIONNELLE

ET

LE CALCUL INFINITÉSIMAL

1. Il y a peu de philosophes moralistes et même rationalistes qui ne se soient plaints des dangers et des écarts de l'imagination; et ceux d'entre eux qui s'en sont montrés le mieux pourvus, comme parmi les modernes Pascal et Malebranche, n'en ont pas mieux parlé que les autres : la réprobation en est donc à peu près, en matière de morale ou de logique, universelle. Pour nous, cette absolue proscription de l'imagination ne paraît point rationnelle, car nous sommes persuadé que tout a son bon comme son mauvais côté dans le monde, et si parfois

l'imagination a nui beaucoup à plusieurs, tels que les Cardan et les Bruno, qu'elle menait aux abimes de l'erreur et de la folie, parfois encore elle a servi de phare salutaire aux penseurs mieux disposés, tels que les deux premiers déjà nommés, auxquels l'enthousiasme pour le grand et le beau n'a jamais fait oublier l'amour du vrai, qu'ils n'en séparaient point, et que souvent il leur aidait plutôt à reconnaître.

L'imagination n'est point toujours de même nature; nous en distinguons notamment trois espèces : la *poétique*, la *géométrique* et la *philosophique*. Cette distinction ne surprendra point le lecteur attentif à considérer que les facultés[1] naturelles ne deviennent jamais, à proprement parler, comme une foule d'objets physiques, hors d'usage. Une faculté naturelle est une faculté nécessaire; l'homme a l'imagination, comme il a le sentiment, la volonté, la raison en partage; et quand il s'applique alors par l'une de ces facultés, il ne faut pas croire qu'il laisse par là même dormir

---

[1] Nous prévenons le lecteur que nous ne prenons point ici ce mot dans sa rigueur philosophique ; le sujet ne le comporte pas.

toutes les autres, car celles même qu'il n'exerce point directement contribuent indirectement ou de loin, en qualité de ressort ou de base, à son action.

L'imagination dont les écarts ou les abus sont le plus à redouter, est l'imagination *poétique*, car celle-là consiste en une disposition d'esprit toute fantaisiste, c'est-à-dire visant à produire un grand effet d'exaltation par la plus grande accumulation possible d'images graduées et saisissantes; et, comme l'effet de ce tableau mouvant est, soit par la grandeur des images employées, soit par l'art qui l'embellit, constamment accidentel, il n'est pas étonnant qu'il ne produise aussi qu'une excitation factice, aussi capable de tourner au mal qu'au bien.

L'imagination que nous avons nommée *géométrique* n'est pas susceptible de détourner aussi positivement du juste et du vrai, mais elle en peut tenir négativement éloigné l'esprit précipitamment imbu d'une outrée prédilection pour les figures savantes, soit obtenues par abstraction du règne minéral, soit construites au moyen de l'analyse; car la construction de ces figures n'exige pas seulement — quoique en général on ne s'en doute guère — une grande puissance de représentation, mais encore elles plaisent tant par leur fini, leur perfection ou leur régularité, que, une fois admis à les contempler, on ne se fait pas souvent le moindre scrupule de voir en elles des types achevés de la beauté suprasensible et de la vérité suprême. Cependant, sans vouloir déprécier ce que, en cela, l'habileté des méthodes ou la science du calcul peuvent avoir de certain et de brillant, il nous sera bien permis de dire que les beautés plastiques ainsi réalisées n'ont à peu près d'autre mérite intrinsèque que celui d'une sévère exactitude ou d'une beauté formelle. Les figures géométriques ne vivent, ni n'agissent, ni ne parlent. Comme des statues immobiles n'excitent qu'une froide admiration, elles ne doivent donc être, elles-mêmes, que froidement envisagées; et tout notre intérêt doit se porter, de ces belles mais vaines images, sur les objets ou les actes vraiment animés ou vivants, dont elles sont à peine une ombre. L'imagination par laquelle on se dépeint ces vraies réalités est l'imagination dite *philosophique*.

Comme il est ordinaire aux hommes doués de l'imagination poétique aux allures irrégulières de ne pas soupçonner même l'existence de l'imagination réglée des géomètres, ces derniers, à leur tour, ne conçoivent pas davantage la possibilité d'une imagination essentiellement mobile et cependant caractéristique du véritable esprit philosophique. Au lieu que les géomètres, en effet, ne voient habituellement devant eux que des tableaux modèles invariables, les philosophes dignes de ce nom voient, au contraire, l'absolue réalité sous des figures constamment différentes sous tous autres rapports que celui de leur identité fondamentale; et tout le jeu de leur esprit ou leur savoir-faire consiste ainsi régulièrement à passer — comme les algébristes transformant incessamment leurs équations — de représentation en représentation ou de définition en définition, à la seule condition de ne jamais violer la loi d'équivalence.

L'équivalence se constate au moyen des définitions. On a dit et l'on répète tous les jours, avec une certaine raison dont nous ne disconviendrons pas, qu'on ne pourrait songer à tout définir. Cependant, Pascal, qui pose lui-même ce principe (*Pensées*, 1re part., art. II), n'a pas laissé d'admettre comme plus parfaite la méthode qui consisterait à tout définir sans exception; il déclare seulement renoncer à son emploi, parce qu'elle est, à son avis, absolument impossible. Cette idée d'une perfection impossible nous révolte; mais Pascal, qui n'en aperçoit pas le faux, ne renonce pas à la justifier; et la raison qu'il en donne, est que les premiers termes qu'on voudrait alors définir en supposeraient de précédents, lesquels en supposeraient encore d'autres, indéfiniment, « d'où il paraît, ajoute-t-il, que les hommes sont dans une impuissance naturelle et immuable (?) de traiter quelque science que ce soit dans un ordre absolument accompli ».

Que ce grand géomètre veuille bien nous permettre ici de le contredire! Il est faux de prétendre que la série des termes à définir, en supposant qu'on veuille et doive les définir tous, doive être indéfinie ou infinie. Car, prenons pour exemple les trois notions de l'*espace*, du *temps* et du *mouvement*, qu'il propose lui-même. L'espace est d'abord une notion très-bien définissable et définie mathématiquement au moyen de l'équation $E = VT$; car cette équation nous montre l'espace E, un dans son genre, équivalent au produit composé des deux facteurs V et T, dans lesquels il est alors réductible. Transformant cette équation et dégageant V, l'on trouve de même : $V = \frac{E}{T}$; par où l'on voit de nouveau que le mouvement, toujours un en lui-même ou dans son genre, est l'équivalence d'un autre produit composé tel que celui des deux facteurs $\frac{E}{1}$ et $\frac{1}{T}$. Maintenant, il n'y a pas de doute qu'on peut et doit avoir de même par équivalence la définition du temps T dans la nouvelle équation $T = \frac{E}{V}$: seulement, nous concevons qu'on veuille ici nous arrêter tout court, sous prétexte que nous tournons alors dans un cercle, en définissant une chose par les termes mêmes dans la définition desquels elle entre déjà comme élément ou facteur; mais cette objection ne peut ni ne doit nous arrêter un seul moment. Car nous admettons bien que nous tournons ici dans un cercle, mais nous n'admettons point que ce soit un cercle vicieux. Mathématiquement, d'abord, il n'est point vicieux; on en conviendra sans peine, puisque la légitimité des trois équations précédentes est égale, et qu'ainsi, si l'une vaut, toutes sont également valables. Philosophiquement, ensuite, il n'est pas plus vicieux. Car, pour qu'il le fût sous ce dernier aspect, il faudrait que nous n'eussions qu'une seule manière de connaître, et que, par exemple, nous connussions de la même manière et l'espace et le temps. L'espace nous est, notoirement, révélé par la voie du *Sens* en général, et par le sens de la *vue* en particulier. Le temps nous étant encore donné par hypothèse de la même manière, expliquer alors l'espace par le temps ce serait ressembler assurément à l'homme qui prendrait pour point d'appui de la *puissance* l'objet *résistant* à soulever, et nous tomberions dans un cercle vicieux évident. Mais admettons, au contraire, que, l'espace nous étant connu par la voie du Sens *externe*, le temps nous soit originairement révélé par perception *interne* : dès ce moment, il n'y a plus de contradiction à vouloir expliquer le fait évident de perception *externe* de l'espace par le fait encore évident, mais respectivement hétérogène, de perception *interne* du temps ; et le cercle vicieux n'existe plus.

Ce que Pascal n'a pas compris, et ce que, depuis lui, l'on ne semble pas avoir compris davantage, c'est l'existence des deux sortes d'évidences *externe* et *interne*, dont chacune est propre à fournir, comme *donnée*, la raison *cherchée* de l'autre. Certainement, nous arrivons à la notion *actuelle* du temps par les deux notions présupposées et plus ou moins *sensibles* de l'espace et du mouvement dont elle exprime le rapport, suivant la formule $T = \frac{E}{V}$. Mais ce rapport, alors saisi de fait, ne l'est que parce que, *intérieurement*, nous pouvons ou savons déjà discerner tout rapport analogue entre *tout* et *parties*, ou *produits* et *facteurs*. En même temps que, alors, le dehors met à jour le dedans, le dedans met également à jour le dehors ; et toute identité qui n'est point une tautologie, consiste bien ainsi dans l'équivalence du dedans et du dehors, ou du subjectif et de l'objectif.

Par ce que nous venons de dire, nous avons

réfuté l'objection qu'on pouvait ici nous faire, mais nous n'avons point suffisamment expliqué pour cela l'idée même du temps, qu'on tient universellement pour indéfinissable: «Qui pourra le définir ? a dit encore Pascal. Et pourquoi l'entreprendre (*Pensées*; *Ibid.*) ?» On verra bientôt que cette recherche n'est pas chose inutile. Nous avons déjà dit et montré que le temps est au moins équivalent au Rapport de l'espace et de la vitesse. Posons alors ici, par exemple, l'espace égal à 8, et la vitesse égale à 4 : nous aurons le temps égal à 2; d'où l'équation $\frac{8}{4} = 2 = 1 + 1$.

Ce rapport ou quotient marque que le diviseur 4 est contenu *deux* fois ou bien *une* fois plus *une* fois dans le numérateur 8. Ces *deux* fois sont-elles alors conçues *simultanées* : on a devant soi le temps *rationnel*, c'est-à-dire l'espace égal à 8, sans intermittences. Sont-elles, au contraire, réputées successives : on a devant soi le temps *réel*, c'est-à-dire l'équivalent de l'espace en vitesses, 4 + 4. En effet, le simple temps 2, admis en quotient, serait un temps *abstrait*. Quand il entre, sans distinction d'éléments, en relation avec la vitesse, il donne avec elle le produit concret indistinct 8, aussi bien *un* en son tout que *multiple* en éléments; mais, l'unité prévalant sur les éléments, l'extension n'en est qu'*imaginaire*, et le temps mérite alors d'être appelé *rationnel*, puisque, quoique extensif, il n'a point de parties distinctes et doit être censé pris en bloc. Au contraire, quand le temps entre distinctement ou par parties successives en relation avec la vitesse, il est une extension *réelle*, comprenant des parties égales essentiellement séparées, comme n'intervenant que l'une après l'autre dans la somme éparse 4 + 4, et, par suite, la dénomination de temps *réel* lui convient parfaitement. Néanmoins, il ne faudrait pas conclure de cette dernière dénomination que le temps puisse être jamais directement sensible ou percevable, car il n'apparaît jamais qu'à l'Intellect, ou bien il reste toujours idéal en sa double qualité de *rationnel* et de *réel*. En effet, est-il rationnel : ce n'est point lui qu'on perçoit immédiatement, mais l'*espace* entier décrit par la vitesse. Est-il réel : ce n'est pas lui, non plus, qu'on commence à percevoir distinctement, mais la seule *vitesse* prise autant de fois que le temps contient d'unités abstraites. Le temps reste donc constamment intelligible, alors même qu'il cesse d'exister à l'état d'*idée* pure; auquel cas l'Imagination philosophique entre en fonction pour le déterminer, à l'aide de la vitesse, en qualité de *nombre* ou de *série*. D'abord, le temps intervient seulement en qualité de *nombre* sous sa forme *rationnelle*, quand il représente une extension ou grandeur ou quantité donnée, correspondant à ce que nous appellerons une *somme de variations possibles*. Puis, le temps intervient en qualité de *série* sous sa forme *réelle*, quand il s'articule, en quelque sorte, avec la variation elle-même, pour produire avec elle une *somme de variations réelles*. L'imagination philosophique, prenant en bloc *temps* et *vitesse*, institue la *synthèse*; et la même imagination, mettant le temps au service de la vitesse, institue l'*analyse*. Le temps *rationnel* est la synthèse du temps *réel*, et le temps *réel* est l'analyse du temps *rationnel*.

2. Pourquoi l'imagination philosophique ne

serait-elle point ce que sainte Thérèse appelle le *vol de l'Esprit*, quand elle en offre tous les avantages ? Nous avons pu constater déjà que, par son moyen, on n'est pas seulement en état de définir circulairement, l'un par l'autre, les trois modes de la représentation externe, ou l'espace, le temps et le mouvement, mais qu'on peut, en outre, les voir fonctionner (chose bien remarquable) tous à la fois dans ce que nous avons appelé le temps *rationnel*, non en ce sens que toute succession *réelle* en soit absolument exclue (car le temps *rationnel* n'admet point en définitive d'autre *ordre d'écoulement* que le temps *réel*), mais en ce sens que l'ordre de succession y régnant ne comporte point de phases séparées de temps *sensible*, le sensible cédant alors le pas à l'idéal. Pour expliquer ce point, dont la parfaite intelligence pourrait échapper à plusieurs, nous emploierons ici la comparaison suivante. Soit un centre donné, tel que le moyeu d'une roue dans lequel seraient encastrés solidement, à distances égales, trois rayons d'une certaine longueur, A, B, C. Imprimant alors subitement un certain mouvement de rotation au seul premier rayon A, que l'on aura devant soi, l'on ne verra point pour cela ce rayon choqué se mouvoir seul, mais on les verra tous participer à la fois au même mouvement. Cependant, ce mouvement n'a bien été communiqué directement qu'au rayon A; les rayons B et C n'y sont donc devenus qu'indirectement participants; on conçoit même que cette participation, immédiate pour le rayon B, le plus prompt à passer sous les yeux après le rayon A, ne se transmet que médiatement au rayon C; c'est pourquoi, bien que les trois rayons soient simultanément ébranlés, on ne laisse point de regarder en raison le rayon A comme le premier mu, le rayon B qui le suit comme mu le second, et le rayon C comme mu le troisième. Il y a donc un ordre réel, très-positivement, quoique en idée seulement, observable en pleine coexistence de temps et de vitesse; et c'est quand il en est précisément ainsi, que le phénomène objectif, pareil à celui du passage successif des trois rayons A, B, C, sous les yeux du spectateur, mérite d'être réputé seulement *apparent*, puisque le même ordre apparent de successivité qu'on a lieu d'observer au dehors, ne pénètre point au sein même des réalités alors simultanément atteintes par hypothèse dès le premier instant du mouvement.

Mais, quelque importantes que soient ces considérations incidentes sur l'espace, le temps et le mouvement, elles ne doivent pas nous faire oublier le point capital en vue duquel nous les avons introduites en exemple, et qui se compose, en leur place mais sans la moindre différence intrinsèque de jeu (sauf l'incomparable faculté d'initiative), des trois Puissances radicales appelées Sens, Intellect et Esprit. Dans le temps *rationnel* dont nous avons parlé, l'on peut déjà remarquer ces trois puissances s'exerçant à la fois, à savoir: la première ou le Sens comme principe ou siége d'*extension réelle*, la seconde ou l'Intellect comme principe ou siége d'*ordre formel*, et la troisième ou l'Esprit comme principe ou siége de *variation immanente*. Là, par exception, les mots *principe* et *siége*, si différents de sens partout ailleurs, peuvent être employés indifféremment l'un pour l'autre, comme synonymes dans cette circonstance, en raison de l'identité radicale de l'*Être* et de l'*Activité*, non moins propres aux Personnalités qu'aux Natures réelles. D'abord, un Être est toujours tel qu'il agit, ou bien agit tel qu'il est ; et si, plus tard, cette correspondance entre l'être et l'activité ne se maintient pas constamment, ce n'est point pour avoir fait défaut à l'origine, mais seulement pour ne pas trouver dans le ressort du libre arbitre l'écho nécessaire ou requis pour durer toujours. Les défaillances des personnalités corruptibles n'ont point leurs racines dans leur fond inné primitif, mais dans le champ variable de la contingence où, plus on s'avance, plus on risque de déchoir ou de couler bas.

Continuons (avec les réserves obligées, et dont la principale est toujours la faculté d'initiative,) de représenter les trois Puissances : Sens, Intellect, Esprit, par les mêmes lettres employées jusqu'à cette heure à figurer l'espace, le temps et le mouvement : nous comprendrons de suite que le Sens, sans être l'Intellect ni l'Esprit, est figurable par une certaine relation entre ces deux puissances ; que, de même, une certaine relation entre le Sens et l'Esprit équivaut à l'Intellect, comme une autre relation entre l'Intellect et le

Sens équivaut à l'Esprit ; et que, en dernière analyse, chacune d'elles implique en elle-même les deux autres, tout autant qu'elle se pose ou fonctionne absolument. Mais la première puissance est bien toujours, dans l'ordre rationnel, le Sens; et le Sens absolu, seul, comme comprenant implicitement ou factoriellement les deux autres, est un cube de forces, seulement exprimable alors, en raison de leur pleine indistinction actuelle, par une expression de la forme E^3. Cette forme est donc la forme *algébrique* absolue des Puissances. Le Sens étant ainsi représenté par E^3, l'Intellect et l'Esprit le sont de leur côté par T^3 ou V^3; et l'on peut poser, *formellement* au moins, $E^3 = T^3 = V^3$.

3. Voulant ou devant entrer (dans cet état de plénitude) en relation, les trois Puissances en sont capables de deux manières à la fois, par leur double face *objective* et *subjective*, en s'unissant par le dedans ou leur *fond* commun radical, d'une part, et par le dehors ou leurs actes tout individuels ou singuliers et plus ou moins immédiatement sensibles, comme il a été dit

précédemment (§ 1), de l'autre. Supposons qu'il en soit ainsi. Se ralliant entre elles du dedans, elles sont unies par essence ou par unité de nature ; se ralliant entre elles du dehors, elles deviennent unies par accident ou par unité d'action, en manière de concours ; et parce que leur premier genre d'union est alors motivé par leur identité seule, elle a pour expression l'unité même ou 1 ; parce que leur second genre d'union est motivé par leur distinction actuelle et persévérante, elle a pour expression la somme $1 + 1 + 1$. D'où il vient, par superposition de ces deux expressions combinées : $\frac{1}{1+1+1}$; ou bien encore, par report indistinct ou factoriel de la distinction du dehors au dedans, $\frac{1^3}{1+1+1}$.

Cette dernière expression est surtout remarquable comme mettant clairement à jour la différence entre les deux modes potentiel et rudimentaire d'union par le dedans et le dehors sous la double forme de multiplication ou d'addition : $\frac{1 \times 1 \times 1}{1+1+1}$; et nous en avons déjà donné la raison.

Intimement unies, les Activités se pénètrent et

par là même s'exaltent; *extérieurement* unies seulement, elles ne se pénètrent point et s'arrêtent au contact.

Mais, en même temps que les trois Puissances ne sont qu'un par essence au dedans, elles sont accidentellement ou par leur face externe absolument distinctes. Pour le dehors au moins, chacune d'elles équivaut donc, *individuellement*, à la formule, $\frac{1}{1+1+1}$, et *potentiellement*, à la formule $\frac{1^3}{1+1+1}$. D'où il vient, en somme : $\frac{(1^3+1^3+1^3)}{1+1+1}$.

Ici, les trois cubes du numérateur ne se fondent ou confondent plus dans l'hypothèse où nous venons de nous placer en partant de l'absolue distinction *extérieure* des puissances; mais, puisque les trois puissances ne sont toujours qu'un par essence, cette hypothèse peut et doit encore, à ce dernier point de vue, cesser d'exister, ce qui nous permet d'arriver à poser, par changement d'aspect, le nouveau cube $\frac{3(1^3)^3}{1+1+1} = \frac{27}{1+1+1}$, dans lequel les trois Puissances s'offrent à nous à la fois sous tous leurs aspects possibles de distinction et d'union.

4. L'étude des états internes ou externes des puissances considérées trois à trois une fois épuisée, portons maintenant spécialement notre attention sur la variabilité de leurs états externes éminemment accidentels et relatifs. Puisque ces états sont éminemment accidentels et relatifs, au lieu d'intervenir toujours en eux *trois à trois* et de produire ainsi constamment des *cubes* en gros ou en petit, les mêmes puissances peuvent n'intervenir ou ne s'associer objectivement que *deux à deux* ou *une à une*.

Prenons-les deux à deux ou par paires : nous aurons, en vertu des mêmes motifs que nous avons déjà fait valoir pour leur mode de fonctionnement trois à trois, la série d'expressions $\frac{1}{1+1}$, $\frac{1^2}{1+1}$, $\frac{(1^2+1^2)}{1+1}$, $\frac{2(1^2)^2}{1+1}$, $\frac{4}{1+1}$. Et les figures obtenues ou représentées par là sont toujours de l'ordre des *plans* ou des *surfaces* (comme carrés, cercles, ellipses, paraboles, etc.).

Prenons-les, au contraire, une à une ou par individualités : nous aurons cette fois, par la raison qu'une individualité seule ne peut entrer en relation — et n'est susceptible, une seule fois en *espèce* ou *qualité*, de relation — qu'avec elle-même, l'unique expression $\frac{1^1}{1^0}$; où, le numérateur figurant le sujet et le dénominateur l'objet, l'ensemble actif ou réel en équivaut au simple tracé d'une *ligne* d'autant plus prolongée qu'on est plus près d'avoir, à bout de temps, l'expression finale $\frac{0}{1^0}$, c'est-à-dire, au tracé d'une trajectoire hyperbolique.

5. Les trois expressions $\frac{3(1^3)^3}{1+1+1}$, $\frac{2(1^2)^2}{1+1}$, $\frac{1^1}{1^0}$, constituent, suivant la manière de les lire par ordre d'exposants croissants ou décroissants, un double ordre *sériel* ascendant ou descendant, qu'il importe ici de remarquer, parce qu'il est essentiellement réel ou philosophique et domine souverainement l'ordre *verticillaire*, plus spécialement mathématique ou formel, dont nous parlerons plus loin (§ 9). Ne considérant donc présentement que l'ordre *sériel* des Puissances, nous ferons observer que, dans ses formules, les

numérateurs signifient les *Personnalités* réelles, et que les dénominateurs signifient les *Natures* formelles. Nous noterons également que, dans les Personnalités, les puissances sont toujours plus ou moins explicitement *composées*, et que, dans les Natures, elles sont simplement *agrégées*; c'est pourquoi l'on peut dire que les Personnalités en sont une pose dynamique, et les Natures une pose statique. On n'a pas oublié d'ailleurs que, en raison de la réelle distinction des Puissances : Sens, Intellect, Esprit, leur ordre *ternaire* d'emploi simultané comporte une *triple* pose de la formule cubique $\frac{1^3}{1+1+1}$, et leur ordre *binaire* d'intervention, une double pose de la formule quadratique $\frac{1^2}{1+1}$. Les trois Personnalités alors censées fonctionner ensemble dans le premier cas, ou les deux Personnalités alors censées fonctionner de même ensemble dans le second, ayant un même dénominateur respectif, il est évident qu'on peut en faire abstraction, tout autant qu'on se renferme strictement dans la même ordre d'activités ou qu'on ne change point de Nature. La Nature à trois Personnalités distinctes est la Nature divine ; la Nature à deux Personnalités (au moins formellement) distinctes est la Nature angélique ; et la Nature radicalement unipersonnelle est la Nature humaine.

On a déjà compris par soi-même que les mêmes données existent à la fois dans les Personnalités et les Natures, mais qu'elles y diffèrent seulement de fonction. Cette fonction, qui varie déjà de numérateur à dénominateur, varie encore de Nature à Nature. D'abord, ces données, constamment communes aux deux termes de rapport, sont représentées *confuses* dans le numérateur et *distinctes* dans le dénominateur. Puis, considérons séparément les trois modes d'application *ternaire*, *binaire* et *unitaire* des Puissances. Appliquées trois à trois, elles sont à titre de *puissance* au numérateur, et à titre de *racine* au dénominateur. Appliquées deux à deux, elles existent à titre de *facteur* au numérateur, et descendent, au dénominateur, au rang de *terme*. Enfin, appliquées une à une, elles sont, de numérateur à dénominateur, comme *tout* et *parties*. Rien n'est ici plus digne de sérieuse attention que ce triple rapport de *partie* à *tout*, de *terme* à *facteur* et de *racine* à *puissance*, car toute la théorie du calcul infinitésimal est, là, comprise en germe.

6. Tout calcul étant un ensemble d'opérations à faire sur les quantités en général, le calcul *infinitésimal* est spécialement l'ensemble des opérations à faire sur les quantités algébriquement représentées, pour passer ou repasser des *éléments* aux *grandeurs* et des *grandeurs* aux *éléments*. Il se divise par là même en deux embranchements, dont l'un s'appelle le calcul *différentiel*, et l'autre le calcul *intégral*. En pratique, le premier et le plus facile de ces deux calculs est le calcul différentiel; mais, en théorie, ce doit être précisément le contraire, et le calcul intégral nous semble ici devoir, pour sa clarté, précéder l'autre, en raison de la plus grande facilité que nous avons de manier des éléments que des grandeurs. Néanmoins, on conçoit que, ces notions s'impliquant incessamment, il est impossible de les expliquer l'une sans l'autre; nous en parlerons donc à la fois, mais en ayant soin de placer toujours celles de plus bas ordre avant celles d'ordre supérieur.

En nul Traité de calcul infinitésimal, il n'est fait mention de la triple distinction que nous venons de signaler entre les relations d'*éléments* à *grandeurs* constituées par les rapports de *partie* à *tout*, de *terme* à *facteur*, et de *racine* à *puissance* ; mais, si cette indistinction ne nuit point à la facilité des opérations mathématiques, elle peut nuire beaucoup à l'intelligence des mêmes opérations ; et pour lors, au lieu de continuer à les confondre, nous allons nous appliquer à les séparer, et nous montrerons que, en général et malgré des apparences contraires, le passage de *partie* à *tout* correspond au premier degré de la puissance, comme le passage de *terme* à *facteur* au *second*, et le passage de *racine* à *puissance* au *troisième*. Mais, pour cela, l'essentiel est de commencer par bien caractériser ou définir la nature spécifique des éléments propres à chacun de ces degrés.

Nous distinguons trois sortes d'éléments : l'*infinitésimal*, l'*indéfini* et le *fini*.

L'élément *infinitésimal* est celui qu'on conçoit si réduit, qu'il ne peut plus être diminué. Subsistant alors à la limite de toute diminution possible, il est absolument indivisible ou simple.

L'élément *indéfini* peut bien, à la différence du précédent, être conçu plus réduit qu'il ne l'est par hypothèse, mais il est encore pourtant conçu si réduit, qu'il dépasse toute limite actuelle ou n'a point de grandeur assignable ; d'où il résulte qu'il est encore, sinon absolument, au moins relativement indivisible ou simple.

L'élément *fini* se distingue nettement des précédents, en ce qu'il est toujours complexe ou divisible de fait, et n'est dès-lors un ou simple que par convention et pour la forme.

7. Pour la justification de ces trois définitions, il suffit d'en indiquer le vrai sens et l'emploi. Dans la formule d'ordre ternaire ou du troisième degré $\frac{3(1^3)^3}{1+1+1}$, chacun des éléments intégrants du dénominateur est *infinitésimal*, parce qu'il est l'expression absolument irréductible de la puissance individuelle envisagée dans sa seule position ou qualité relative, abstraction faite de toute force et degré. Certainement, il n'y a point deux ni trois sortes de Sens, d'Intellect ou d'Esprit, mais une seule ; ces trois manières person-

nelles d'être sont donc absolument indivisibles ou simples; chacune d'elles est donc un élément infinitésimal.

Dans le rapport $\frac{2(1^2)^2}{1+1}$, ce ne sont plus les Activités personnelles elles-mêmes qui concourent, mais leurs actions seulement ; et, sans doute, ces actions de nature tendantielle ont *objectivement* déjà moins d'*extension* que les personnalités corrélatives naguère reconnues simples; mais, *subjectivement*, elles impliquent pour leur propre différentiation un commencement de complication formelle, et l'emportent ainsi sur les personnalités en *compréhension* ou *contenu*. Cette plus forte accentuation d'être est alors une raison suffisante de ne plus réputer les nouveaux éléments absolument indivisibles ou simples ; ils ne laissent point cependant d'exister encore au plus bas degré de réduction relative ou de grandeur assignable, parce que l'*accroissement* dont ils se composent est encore aussi simple que le *fond* primitif. Par exemple, la *bienveillance* est, en elle-même, une vertu morale générale et par là même simple. Cette vertu, déterminable au point de vue du temps, prend immédiatement l'aspect de trois vertus spéciales, dont chacune l'implique tout entière, et qui se nomment *prévenance, reconnaissance* et *complaisance*. Arrêtons-nous alors sur la première de ces trois vertus spéciales : la prévenance. Où cette dernière vertu règne, il y a certainement aussi la bienveillance qui l'inspire ; mais ce n'est plus toutefois la bienveillance prise dans toute son extension primitive, c'est la bienveillance subjectivement informée par l'idée de temps et même de premier temps ; l'idée de prévenance est donc en elle-même une idée déjà complexe, aussi longtemps applicable que son idée mère, d'une part, en même temps que toujours restreinte aux temps antérieurs, de l'autre ; c'est pourquoi, comme il n'y a qu'une vertu générale de bienveillance, il n'y a de même qu'une vertu spéciale de prévenance. Cette vertu, restreinte par sa face subjective aux temps antérieurs (perpétuels d'ailleurs à leur manière), mais objectivement applicable en tout temps, est ainsi générale et spéciale à la fois, et l'on n'a pas de raison de dire que, un moment ou passagèrement applicable, elle doive pour cela finir ni plus tôt ni plus tard. Or, tout ce qui n'a point ainsi de limite assignable est dit *indéfini*. Donc, tels étant les éléments du second ordre ou du deuxième degré, leur caractère propre est d'être indéfinis.

Prenons enfin le rapport $\frac{1^a}{1^o}$, et considérons-en le terme en dénominateur, 1°. Ce terme est une expression de passion ou d'inactivité, qui, dans sa neutralité complète de facteur égal à l'unité, n'implique pas plus qu'elle n'exclut toute notion de force, de forme ou de grandeur, à la seule condition de n'intervenir jamais activement, et qui, par conséquent, peut signifier tout ce que l'on voudra, depuis la valeur 1' jusqu'à la valeur 0, qui doit être la dernière. Mais, alors, cette valeur 0 n'est réalisable qu'après un laps infini de temps ; car le nombre des effets d'un être agissant sur lui-même est hyperboliquement inépuisable, comme le serait, par exemple, la division de l'unité qui nous donnerait, par dédoublement continu, $\frac{1}{2}$, $\frac{1}{4}$, $\frac{1}{8}$, etc., indéfiniment ; auquel cas il est bien évident qu'on n'aboutirait à 0 qu'après un laps infini de temps, et que tous les termes réalisables en temps fini, compris entre les deux limites 1' et 0, seraient, en même temps que toujours inégaux, toujours finis. Le mode d'exercice hyperbolique étant donc le seul attribuable à tout être singulier qui se prend lui-même pour but ou qui concentre sur soi sa propre action toujours d'autant plus faible (par défaut de renouvellement) qu'elle a poussé son jeu plus loin, nous pouvons donc admettre que tous les éléments possibles en cas d'exercice subjectif unipersonnel, ou du plus bas degré, sont finis. C'est ainsi que, arrivant à constituer des unités empiriques comme l'*atome*, la *seconde*, la *ligne*, etc., nous sommes forcés de concevoir toutes ces unités complexes *divisibles* et *finies*, alors même que, par convention et pour la forme, nous ne laissons point de les réputer simples.

8. Nous venons de nous expliquer sur le sens de nos trois espèces d'éléments ; expliquons-nous actuellement sur leur emploi.

Les genres des êtres existent, comme les Puissances radicales auxquelles ils se réfèrent, au nombre de trois, et sont le *virtuel*, le *formel* et le *sensible*. La représentation de ces trois sortes d'êtres s'obtient par l'intégration que nous savons consister dans le passage des éléments aux grandeurs. Il y a donc, en même temps que trois sortes d'éléments et de grandeurs, trois sortes d'intégration. La première intégration, représentative des êtres virtuels, en reproduit l'*être absolu* réel. La seconde intégration, représentative des êtres formels, en reproduit la première face *relative* ou l'aspect *subjectif* apparent. La troisième intégration, représentative des êtres sensibles, en reproduit la seconde face *relative* ou l'aspect *objectif*, tout particulièrement imaginaire et passager. La première s'applique aux formules du troisième degré $\frac{3\,(1^3)^3}{1+1+1}$; la seconde, aux formules du second degré $\frac{2\,(1^2)^2}{1+1}$; et la troisième, aux formules du premier degré $\frac{1^1}{1^0}$.

Pour mieux entrer en matière sur les trois procédés d'intégration, nous reviendrons un moment sur la nature intime des êtres absolus personnels. Tous ces êtres sont représentés par des expressions de la forme

$$1 = \frac{\infty}{\infty} = \frac{\infty}{1} \times \frac{1}{\infty}, 1 = \frac{A}{A} = \frac{A}{1} \times \frac{1}{A},$$
$$1 = \frac{a}{a} = \frac{a}{1} \times \frac{1}{a}.$$

D'ailleurs, en ces formules, le premier facteur du second membre est symbole d'*extension*, et le second facteur est symbole d'*intensité*. Puisqu'il existe trois Puissances absolues radicales, et que deux d'entre elles sont toujours censées exercer les deux rôles *extensif* et *intensif* en la troisième présupposée *personnelle*, nous avons alors trois personnalités distinctes en présence ; mais les trois ne laissent point d'être figurables et figurées par la même formule du suprême degré $\frac{3 (1^3)^3}{1+1+1}$. Comme étant du suprême ou troisième degré, leurs expressions respectives annoncent ou dénotent des êtres *virtuels* ; ces êtres virtuels à composantes inégales, mais de même forme, sont par là même, à la fois, irréductibles de fait et réductibles ou composables en principe ; et l'on peut dire à cet égard qu'ils ont même nature absolue. Cette nature absolue s'exprime par le dénominateur $1 + 1 + 1$. Mais, puisqu'elle leur est commune aussi bien que le dénominateur, on peut parfaitement faire abstraction de ce dernier et ne comparer que les numérateurs. Ce sont alors leurs numérateurs représentés par la formule générale $3\,(1^3)^3$, qui correspondent aux premières formules typiques du genre de $1 = \frac{A}{1} \times \frac{1}{A}$. Soient donc actuellement

$$\frac{A}{1} = \frac{27}{1}\,;\text{ et }\frac{1}{A} = \frac{1}{27}:$$

nous nous trouvons ainsi placés de fait à la limite, soit de la composition, soit de la décomposition *virtuelles*, c'est-à-dire, soit de la grandeur, soit de l'élément absolus. En effet, reprenons ici pour exemple la vertu générale de *bienveillance*, dont nous avons déjà fait usage pour en constituer un type de composition et de décomposition initiales, au moyen de sa seule distinction en *prévenance, reconnaissance* et *complaisance*. Ainsi déduites de la vertu générale de bienveillance, ces trois vertus spéciales en sont une triple application ou réalisation intrinsèque ou subjective ; et, comme s'impliquant l'une l'autre dans son sein, elles s'y multiplient l'une l'autre en guise de termes et de facteurs corrélatifs, d'où résulte leur carré $3 \times 3 = 3^2 = 9$. Mais la vertu générale de bienveillance n'est pas seulement susceptible, à l'aide du temps, de modifications intrinsèques ; elle est encore capable, à l'aide de l'espace, de modifications extrinsèques, en tant que, modifiable comme se modifient les êtres eux-mêmes auxquels l'application doit s'en faire, elle est ou se démontre extérieurement à titre de *bienveillance* pure, de *droiture* ou de *justice* ; rien n'empêche, en effet, de concevoir la bienveillance adjointe aux actes de ces dernières vertus sociales. Ces trois nouvelles formes de la vertu de bienveillance se mêlent alors aux neuf déjà trouvées, et les multipliant à leur tour nous donnent le cube $3 \times 3 \times 3 = 3^3 = 27$. Ce cube, pris extensivement, répond au facteur $\frac{A}{1}$; pris intensivement, il répond au facteur $\frac{1}{A}$: nous avons donc déjà $\frac{27}{1}$ symbole d'extension et $\frac{1}{27}$ symbole d'intensité. Mais pouvons-nous espérer désormais une grandeur supérieure à $\frac{27}{1} = \frac{3^3}{1}$, ou bien un élément inférieur à $\frac{1}{27} = \frac{1}{3^3}$?

Nullement ; car on ne conçoit pas de grandeur supérieure à la troisième puissance dans tous les genres réunis de grandeur, ni de diminutif inférieur à l'unité divisée par la grandeur suprême. Donc, nous avons atteint ici réellement à la limite de la grandeur ou de la petitesse absolues. Comment arrivons-nous, cependant, à passer de l'un de ces extrêmes à l'autre ? Avons-nous pour cela besoin de procédés spéciaux et devons-nous faire appel au *temps* ou bien invoquer des espèces particulières de *vitesses* ? Pas davantage ; car la région dans laquelle nous nous mouvons est encore la seule région du *virtuel* ou des idées pures. Il est vrai que nous opposons entre eux extensif et intensif, subjectif et objectif, ou réel et imaginaire. Mais c'est bien l'Esprit seul qui met ces termes en opposition ; et comme il lui est aussi facile, aussi libre, aussi naturel même de les unir que de les opposer, il va perpétuellement, universellement et tout à fait comme il lui convient, d'un extrême à l'autre ; c'est pourquoi, les mouvements n'en étant qu'imaginaires, la région en est celle de l'*identité* absolue. Pour nous, jusqu'à cette heure, l'extension et l'intensité, représentées par $\frac{27}{1}$ et $\frac{1}{27}$, sont bien distinctes ; mais elles ne le sont qu'imaginairement, et leur position absolument ou réellement une se traduit par la personnification de leur rapport indivisible ou simple $\frac{27}{27}=1$.

Entre les êtres déjà considérés représentés par la formule $\frac{3(1^3)^3}{1+1+1}$ et les nouveaux êtres à considérer représentés par la formule $\frac{2(1^2)^2}{1+1}$, il existe des différences et des ressemblances évidentes. Les derniers se distinguent nettement des précédents, par exemple, par l'abaissement des degrés et la diminution du nombre de termes; car, chez eux, la puissance descend du troisième degré au second, et la nature ne comprend également que deux termes au lieu de trois. Est-ce que, pour cela, les premiers êtres (ou du moins leurs formes) ne devront point être censés résider au dedans ou sous le couvert des derniers? Pas le moins du monde : les êtres précédents sont des précédents indispensables, qui ne peuvent jamais faire défaut aux nouveaux venus; et ces derniers, impliquant alors toujours les précédents, s'en distinguent, non comme n'ayant rien de commun avec eux, mais seulement comme s'exerçant en dehors d'eux dans une région nouvelle, qui est celle des idées objectivement appliquées au dehors dans le ressort exclusif ou particulier de la *forme*. Trois êtres identifiés sont trois *racines* dont l'originaire fonctionnement respectif indistinct engendre un cube. Admettons, maintenant, que les mêmes êtres, au lieu de continuer d'agir trois à trois, agissent désormais (en plus) seulement deux à deux, en se servant mutuellement de terme ou de facteur dans leur mode actuel de relation binaire. Différenciés alors les uns des autres comme nous le sommes par l'âge ou le sexe, ils ne seront point pour cela dépouillés de tout fond commun ; mais ce fond commun n'en sera que radical ou ne sera point actuel; ils subsisteront bien réellement à part; ils s'exerceront même toujours, en tant que corrélatifs, inversement, comme, par exemple, l'un se contractant quand l'autre se dilate, et *vice versâ*. Pour eux, le fait radical d'*identité* se sera donc traduit en celui, virtuellement plus simple, mais formellement plus composé, d'*alliance*. Dans l'ordre ternaire, nulle des trois puissances radicales ne s'*allie* spécialement avec aucune des deux autres; mais, dans l'ordre binaire, il en peut et doit être autrement; et, pour lors, ou l'alliance admise et contractée par l'une d'elles est seulement d'un à un, ou bien elle est à la fois mais distinctement d'un à deux; c'est-à-dire, l'alliance binaire actuelle est ou *exclusive* ou *commune*. Par exemple, on conçoit l'alliance exclusive du temps avec la vitesse; et dans ce cas, l'effet de cette alliance est l'espace objectif donné par la formule connue $E = VT$. Mais on conçoit aussi distinctement l'alliance du temps, soit avec l'espace, d'une part, soit avec la vitesse, de l'autre; bien qu'abstrait et par suite infécond en lui-même, il emprunte alors à cette double alliance une forme concrète; et de son union tant avec la vitesse subjective qu'avec l'espace objectif résulte un double effet d'activité formelle, dont le premier est de faire croître la vitesse comme le temps, et le second est également de faire croître l'espace comme le temps encore, mais avec cette différence que, l'espace variant en raison composée du temps et de la vitesse, l'on a, dans ce cas : 1° par suite de la double action combinée du temps en lui-même, le *carré du temps*; 2° la vitesse proportionnelle au temps et le carré de la vitesse proportionnel au carré du temps ; 3° l'espace proportionnel au carré du temps ou de la vitesse. Dans le carré du temps, cette donnée se comporte comme double *racine*; mais dans son action sur la vitesse ou l'espace, elle se comporte comme simple *facteur* et donne ainsi, par alliance avec ces deux autres données, des produits, non des carrés. Cependant, comme rien n'empêche et qu'il est même très-naturel de supposer en principe la vitesse initiale égale à celle acquise dans l'unité de temps, on la peut poser en général égale à $V = gT$. Nous rappelant alors la formule générale de l'espace $E = VT$, et remplaçant dans cette formule V par sa valeur gT, nous aurons, pour représenter l'espace décrit dans le temps T, moyennant le rétablissement obligé du dénominateur indicatif du système binaire $1 + 1 = 2$, l'expression entière ou *intégrale* usitée de cet espace : $\frac{1}{2} gT^2 = E$. De là se déduit cette loi générale pour l'intégration de tous les termes indéfinis conçus et traités dans l'esprit du système binaire : élevez d'un degré l'exposant de la puissance réelle, et, suivant que l'exposant atteint est du second ou du troisième degré, divisez par 2 ou 3 la fonction.

L'intégration par laquelle on élève une puissance du premier degré au second, ou du second au troisième, est une intégration d'accroissement qu'on peut nommer positive, puisqu'elle accroît ou multiplie réellement. Alors, en effet, des deux puissances *alliées* se servant respectivement de facteur et de terme, celle qui n'était d'abord par hypothèse qu'intensive acquiert avec le concours de l'autre l'extension, comme celle qui n'était déjà par hypothèse qu'extensive acquiert en retour l'intensité ; de cette manière, nulle ne s'accroît aux dépens de l'autre, mais toutes deux profitent en commun et s'élèvent à la fois. Cet accroissement réel de puissance est donc éminemment moral et favorable au développement des vertus, qu'il suppose toujours, d'ailleurs, plus ou moins distinctement en principe. Au contraire, l'intégration dont il nous reste à parler, et par laquelle une puissance se pose elle-même comme seul but absolu de son action exclusivement *sensible* alors (et par conséquent *électrique, calorifique* ou *lumineux*...), est une intégration de *décroissement* que nous qualifierons de *négative* ; car, la puissance acquérant, cette fois, une intensité seulement apparente encore, quand elle est préalablement intensive, elle se dépouille réellement d'autant plus qu'elle pousse plus loin ou maintient plus longtemps son exercice actuel. Il est bien certain, d'abord, que, quoique cet exercice dépende absolument d'elle en principe, elle est constamment impuissante à le régler dans son cours désormais ordonné par la seule nature. Puis, capable de le déterminer en principe, elle n'a point cependant en elle-même la faculté de le reprendre plus tard avec la même indépendance, en raison de l'empire que la nature prend de plus en plus sur elle ; et, de même alors que chacun de ses actes sensibles une fois émis suit son cours naturel et ne revient jamais sur ses pas, sa première ardeur, comme épuisée de plus en plus par tous ces actes successifs, tend elle-même à son extinction totale sans pouvoir pour cela l'atteindre jamais en temps fini ; c'est pourquoi sa propre restauration est naturellement impossible. Enfin, ce même exercice accidentel de la puissance que nous venons de dire avoir un principe sans fin, n'a point non plus de terme objectif ou de fond absolu réel sur lequel il puisse porter ou reposer en qualité de substance ; car, comme le plaisir ou la douleur, toute donnée purement sensible ou physique s'évanouit sans laisser de trace de son passage. Intégrant un pareil exercice, on intègre donc de pures ou vaines apparences plutôt que d'absolues et vraies réalités ; et l'opération en est toute foncièrement, sinon formellement, négative. Ainsi, soit une puissance ou force physiquement appliquée, dont l'exercice v. g. *calorifique* commence à se traduire en fait sensible : égale à Σ dans son début, elle a produit à peine un premier effet organique égal à σ, qu'elle devient en elle-même égale à $\Sigma - \sigma$; dès cet instant, elle n'opère donc plus que comme égale à $\Sigma - \sigma$ ou diminuée de σ, et ainsi de suite. Elle continue donc à décroître sans fin ; et ce n'est qu'après un laps infini de temps que l'effet, intrinséquement nul d'ailleurs comme il a été dit, en peut apparaître égal à sa cause première. La manière d'en opérer l'intégration peut alors se formuler ainsi : Retranchez de la cause l'effet produit en un instant quelconque ; et, posant alors la différence $(\Sigma - \sigma)$ égale au rapport de la différentielle de l'effet à la différentielle du temps $\left(\frac{d\sigma}{dt}\right)$, multipliez ensuite la même différence par la différentielle du temps, pour passer immédiatement à la limite $(d\sigma = (\Sigma - \sigma)\, dt$: vous aurez en intégrale l'effet total correspondant au temps fini donné $[\sigma = \Sigma (1 - e^{-t})]$.

L'intégration *infinitésimale*, toute virtuelle, est caractéristique de l'ordre divin éternel. L'intégration *indéfinie* en durée, mais respectivement formelle, est caractéristique de l'ordre perpétuel angélique. L'intégration, concrète en apparence, mais toujours finie de fait, est le caractère distinctif de l'ordre passager humain.

9. On peut ici se rappeler que nous avons déjà (§ 5) distingué, dans le ressort des grandeurs, deux ordres d'arrangement : le *sériel* et

le *verticillaire*. Dans ce qui précède, nous croyons avoir dit tout ce qui concerne, au moins essentiellement, l'ordre *sériel* ; le moment est donc venu d'exposer nos idées sur le *verticillaire*. Nous rattacherons cette nouvelle étude à la précédente.

Soumettant tout à l'heure au procédé de l'intégration le rapport des *parties* finies à leur *tout*, nous avons introduit deux variables : l'une — celle du temps — constamment indépendante, et l'autre — celle de l'espace — fonction de la précédente. Mais la première variable est autant *une* qu'indépendante ; et la seconde est ou peut être *triple*, comme le sont les trois dimensions de l'espace qu'elle peut figurer. La lettre σ, servant de signe à cette dernière variable, est donc un simple type, qui, triplé, se change en x, y, z, quand on l'emploie, par détermination spéciale, à signifier séparément chacune des trois dimensions de l'étendue : longueur, largeur et hauteur. En conséquence, posant des équations différentielles, soit à deux termes comme dx, dy, soit à trois termes comme dx, dy, dz, on pose toujours deux ou trois équations corrélatives, équivalentes à dσ_1 dσ_2 dans un cas, à dσ_1, dσ_2, dσ_3 dans l'autre ; et l'on ne sort ainsi jamais du même ordre d'idées seulement alors représenté différemment en nombre, mais non en qualité. Eh bien ! l'ordre que nous avons nommé *verticillaire* n'est pas autre que cette multiplication *numérique*, mais nullement qualitative, de fonctions égales, et toujours alors censées appliquées comme dans un même plan *virtuel*, puisqu'elles se prêtent au même procédé d'intégration.

Qu'on regarde actuellement toutes les quantités d'ordre quelconque intégrées par les mathématiciens, et l'on verra qu'ils n'en intègrent jamais aucune qui ne soit accompagnée de la différentielle du premier degré : dx, dy ou dz. Ils admettent bien des degrés plus élevés (ou plus bas), tels que dx^2 (ou d^2x), dy^2 (ou d^2y), etc. ; mais, dès qu'il s'agit de les appliquer, il leur faut constamment, ou bien en abaisser (ou élever) l'exposant jusqu'au premier degré de la puissance, ou bien se contenter de les employer comme facteurs constants ou termes de rapport entrant dans les coefficients différentiels ; et l'intégration revient ainsi toujours à intégrer des termes de premier degré, pour cette raison qu'on n'intègre jamais réellement que de 1° à 1'. Car, au-dessus de 1', on ne fait qu'élever le degré de la puissance sans entrer dans le détail des opérations physiques à faire pour la réaliser ; et, au-dessous, on opère seulement par l'intégration une réelle ou vraie concentration d'actes finis, inégaux, mais physiques et constamment physiques, en leur tout d'intensité pure.

Mais cela se fait ou peut se faire, avons-nous dit, en une seule fois comme en dx, ou en deux fois comme en dx, dy, ou en trois fois comme en dx, dy, dz. Le fait-on en une seule fois : on intègre des parties en longueur. Le fait-on en deux fois : on intègre alors comme du même coup en longueur et largeur, suivant la commune manière de parler; mais, réellement, on n'intègre que deux longueurs semblables, à leur direction près — puisqu'elles sont rectangulaires. — Enfin, le fait-on en trois fois : on semble pareillement intégrer trois grandeurs hétérogènes ou disparates ; mais, au fond, on n'intègre encore que trois longueurs homogènes ou semblables, à leur rectangularité près.

10. Les Natures spéciales, respectivement constituées, ou d'une seule, ou de deux, ou de trois longueurs semblables rectangulaires, paraissent se compliquer en elles-mêmes au fur et à mesure de la multiplication du nombre de leurs facteurs intégrants ; mais, le fond ou principe de ces longueurs entrecroisées ne changeant point et restant *du plus bas ordre,* leur position objective initiale ne change pas davantage, et voilà pourquoi l'on ne saurait mieux les figurer à cet égard que par la distinction même de leurs formules respectives simplement agrégées. Il en est maintenant bien autrement, quand on se propose de représenter au naturel leurs vraies dimensions virtuelles ou formelles de puissance ; car, au lieu de comporter cette fois en elles-mêmes la séparation ou l'éparpillement des termes, elles en réclament au contraire impérieusement la combinaison ou même la fusion sous la forme de facteurs se pénétrant, se modifiant ou s'exaltant l'un l'autre, et passant ainsi toujours, l'un par l'autre, du premier degré de la puissance 1^1, au second ou au troisième, 1^2 et 1^3 ; en quoi l'on sort ouvertement du calcul infinitésimal pour entrer dans le calcul algébrique. Sous ce rapport, la puissance du premier degré n'est que l'*installation*, ou le seuil, ou la base de la puissance réelle, laquelle, pouvant dès ce moment se déployer, monte immédiatement — le cas échéant — au second d'abord, et au troisième ensuite. Cette nouvelle forme, plus réelle est toujours apparente dans nos formules potentielles des §§ 5, 8, etc. Nous n'entendons aucunement insinuer par là que nulle réalité ne convient à la puissance du premier degré ; mais la réalité qui lui convient n'est vraie qu'à l'état de Tout, par la possibilité qu'elle a, sous cette forme, de se conserver en cet état ou d'en déchoir par sa propre initiative. Une fois que la puissance primaire a, par hypothèse, usé bien ou mal de cette faculté de conservation ou de destruction propre, sa *nature* agit et se conserve ou se détruit d'elle-même, en résistant ou cédant passivement au flux irrésistible des événements, symbole de l'inéluctable destin ici représenté, d'ailleurs, par les deux essences de degré supérieur siégeant au-dessus d'elle. Inférieure à ces deux autres puissances d'ordre supérieur, la puissance de premier degré joue sous elles le rôle de *sujet*, quand la puissance de second degré joue le rôle de *ministre*, comme la puissance de troisième degré le rôle de *souverain*; et l'on conviendra sans peine que, si la puissance de premier degré, portant ainsi double joug, jouit encore en réalité de quelque indépendance, sa puissance réelle ne peut consister qu'en la faculté — s'il lui plaît — d'obéir.

Cependant, si les puissances de second ou de troisième degré x^2, x^3 (*sic*) sont *ministres* ou *souveraines* par rapport aux x^1, elles ne le sont point pour les y^1, qui ont pour supérieurs respectifs les puissances de leur ordre y^2, y^3; et de même les y^2 et les y^3, ministres ou souverains pour les y^1, ne le sont point pour les z^1, dont les ministres ou souverains respectifs sont les z^2 et les z^3. Ces derniers, à leur tour, ne peuvent directement rien sur les x^1 et les y^1. De là résultent trois régions bien distinctes de la puissance. Comme *relatifs*, ces trois règnes se juxtaposent sans doute, à l'instar des trois dimensions de l'étendue sensible, et sont, sous ce rapport, *verticillaires*; mais, comme *absolus*, ils rentrent dans l'ordre *sériel*, sans cesser pour cela de se juxtaposer comme relatifs; et l'on a, de cette manière, une sorte de combinaison de ces deux modes sous la forme de trois étages, dont le *plus bas* est le règne simultané des x^1, des y^1 et des z^1; le *moyen* celui des x^2, des y^2 et des z^2; le troisième celui des x^3, des y^3 et des z^3. Ces trois règnes d'ordre mixte, indépendants comme absolus et subordonnés comme relatifs, sont les règnes de la force *physique*, de la prépondérance *intellectuelle* et de l'autorité *spirituelle*.

D'après cela, nul être n'est *sujet* en un certain ressort, sans être simultanément *ministre* dans un autre ressort, et *souverain* dans un troisième. Naturellement, chaque puissance est *souveraine* en son propre ressort; mais, comme elle peut s'allier alternativement avec chacune des deux autres, elle acquiert alors par cette alliance avec l'une d'elles une puissance accidentelle de second degré sur la troisième momentanément exclue de l'union; et, tandis qu'elle sert alors de ministre entre cette dernière et son alliée, le moment où son tour arrive d'être sans alliée nous la montre extérieurement réduite à jouer le rôle de *sujet*, par rapport aux deux autres. Toutefois, une puissance extérieure, acquise seulement par alliance, doit être habituellement temporelle; la seule puissance immanente est celle dont on est exclusivement redevable à soi-même, ou bien encore à sa naissance, à sa nature ; et de là vient l'impossibilité de confondre jamais ensemble les trois ressorts de la *force*, de la *raison* et de la *vertu*, parce qu'ils sont nativement les apanages respectifs du Sens, de l'Intellect et de l'Esprit.

11. Chacune de ces trois puissances étant souveraine en son propre ressort, il y a par là même trois Souverains, dont la souveraineté paraît évidemment être alors inaliénable, puisqu'elle est une. Mais la puissance *une fois souveraine* en son propre ressort, ayant devant elle *deux* autres puissances et *deux* autres ressorts, se trouve par là même mise en demeure d'être *deux fois* et *ministre* et *sujet*. Commençons par indiquer ces ressorts, et nous pourrons ensuite mieux déterminer la nature spéciale des puissances actives ou passives en chacun d'eux.

Ces ressorts sont assimilables à ce que, dans l'ordre des *faits*, on appelle la *Domesticité*, l'*État*, l'*Église* ; mais, comme il importe ici de rester le plus possible dans l'ordre des *idées* ou des principes absolus, nous les appellerons autrement et les ramènerons à ce qu'on appelle plus généralement *nature*, *grâce* et *liberté*. Moyennant cette distinction, il nous est maintenant loisible de décrire le jeu personnel des Puissances.

D'abord, tout être à l'état *naturel* est constitué par là même à l'état *initial*; c'est-à-dire que, impliquant alors *imaginairement* les trois puissances, il n'en exerce pourtant jamais qu'une, parce que, *objectivement*, on ne peut que se poser distinctement, ou comme *sensible*, ou comme *intelligent*, ou comme *moral*. Il est impossible, en effet, qu'un *acte* de sensibilité soit du même coup un *acte* d'intelligence, ou bien encore qu'un *acte* d'intelligence soit du même coup un *acte* moral. Pour faire acte distinct d'intelligence, il faut avoir préalablement imaginarisé le sensible ; et, pour faire vraiment un acte de vertu morale, on doit également avoir fait auparavant le sacrifice de la forme abstraite dont l'intelligence se montre si souvent éprise. Donc les *actes* sensibles, intellectuels et moraux, sont régulièrement incompatibles. Mais, ainsi séparés et réduits à eux-mêmes, ils existent bien à l'état *initial* x', y', z'. Donc les mots *initial* et *naturel* signifient absolument la même chose. Puis, une autre synonymie pareille règne entre les deux états *secondaire* d'association binaire et *relatif* de faveur toute gratuite. Car nul être initial, bien qu'imaginairement existant en principe à l'état de triple puissance implicite ou subjective, ne peut objectivement apparaître double, s'il est ou reste seul. Pour apparaître double, en effet, il faut cesser d'être simple ; et, pour cesser d'être simple, il faut ajouter à sa première position, au moins qualitativement une (puisqu'elle est censée personnelle), un rôle personnel différent, dont l'acquisition n'est alors évidemment possible qu'à la condition d'advenir du dehors par empiétement ou concession. Mais un empiétement proprement dit serait un événement naturel nécessairement très-passager, et par suite un simple ou vain simulacre d'extension réelle ; et, par voie de concession bienveillante, au contraire, on peut obtenir une extension objective promettant d'être perpétuelle. D'ailleurs, toute pareille concession, essentiellement officieuse en principe, est ce qu'on appelle une *grâce*. Donc tout fonctionnement double d'une puissance réelle sous les formes binaires x^2, y^2, z^2, est originairement gracieux ou gratuit.

Enfin, imaginons que chacune des trois puissances absolues radicales parvient à s'harmoniser si bien avec chacune des deux autres, qu'elle en acquiert la faculté de jouer à son gré le double rôle, comme s'il lui était naturel de fait, bien qu'étranger par hypothèse : cette puissance est alors par là même en état de jouer trois rôles à la fois, le sien compris. Or, un être capable de jouer tous les rôles à la fois est un être de fait objectivement aussi divin qu'il l'est subjectivement déjà, par hypothèse ; car, comme nous l'avons admis *imaginairement* triple au début, il se trouve devenu *réellement* triple à la fin. D'ailleurs, un être capable de tous les rôles de la puissance réelle est encore ce qu'on appelle un être *libre*, pleinement libre ; et tels sont nommément les êtres existant sous les formes ternaires x^3, y^3, z^3. Donc l'état de liberté complète est celui qui correspond à la triplicité de puissance tant subjective qu'objective.

On pourrait, cependant, se méprendre ici facilement dans l'interprétation de ce dernier état, si l'on n'y procédait avec la plus grande réserve et ne tenait compte de toutes les circonstances. Par exemple, l'Homme, être sensible, n'est d'abord que subjectivement libre, c'est-à-dire que, une fois mis au jour à sa manière, il a la faculté, comme nous l'expliquions tout à l'heure, de se montrer *exclusivement*, ou sensible, ou intelligent, ou moral. Dieu, comme être sensible subjectivement aussi libre que l'homme, jouit *naturellement* aussi de la même faculté; mais, n'en usant (ce que l'homme ne fait pas toujours) que conformément aux prescriptions de la morale et de la raison, il dépouille cette faculté de ce qu'elle peut avoir originairement d'excessif ou d'arbitraire; et c'est alors moyennant cette restriction — qui, dans le *fond*, n'en est pas une, — qu'il devient à bon droit et tout d'un coup autant objectivement que subjectivement libre, parce qu'il n'y a rien en lui qui puisse apporter le moindre obstacle à l'entière harmonie du subjectif et de l'objectif. Ainsi, tout comme la pleine liberté subjective de l'homme, objectivement restreinte, consiste à pouvoir seulement choisir, entre les genres d'activité sensible, intellectuelle et spirituelle, celui qui lui convient ou qu'il préfère, la pleine liberté tant subjective qu'objective de Dieu (dans un certain sens contenue pourtant par le devoir ou la raison, comme il a été dit), consiste à pouvoir seulement fonctionner de manière à procurer, entretenir, varier et consolider indéfiniment l'harmonie de ses trois puissances internes, dont chacune goûte alors le même plaisir à se prêter aux deux autres qu'à se satisfaire elle-même. Un être subjectivement triple, mais objectivement indéterminé, peut faillir, parce qu'il n'est lié par rien. Au contraire, un être autant objectivement que subjectivement libre est infaillible, parce qu'il sacrifie constamment par vertu l'usage arbitraire de sa propre liberté subjective sur l'autel de l'objective liberté dictant ses lois à tous les *sujets* dignes d'en jouir. Mais, alors, tous les *sujets* de la puissance objective en sont aussi tour à tour les *ministres* ou les *souverains*. Ils sont donc finalement sujets, ministres et souverains tout à la fois, ou pleinement libres.

12. Quelles que soient la multitude et la diversité des rôles *objectifs* ou *subjectifs* attribuables à chaque être personnel divin, angélique ou humain, tous ces rôles se réduisent néanmoins, en somme, à vingt-sept, et peuvent être représentés par la formule $\frac{3(1^3)^3}{1+1+1}$. Ces rôles sont, en effet,

ou *principalement objectifs* (et, comme tels, *sensibles*; car le Sens est l'identité du sujet et de l'objet dans laquelle l'objet tient pourtant le dessus), —

ou *principalement subjectifs* (et, comme tels, *intellectuels*; car l'Intellect est cette distinction du sujet et de l'objet dans laquelle l'imaginarité de l'objet cède le pas à la réalité du sujet représentant), —

ou *fluents et transitifs* entre le subjectif et l'objectif ou le dedans et le dehors (et, comme tels, *spirituels*; car l'Esprit consiste à ne prendre pied ni d'un côté ni de l'autre, mais à glisser ou fluer de l'un à l'autre).

Or il y a notoirement, d'après ce que nous savons déjà, neuf sortes de rôles *objectifs*, tous figurés par le tableau suivant des formes objectives possibles :

$$x^3, \quad y^3, \quad z^3,$$
$$x^2, \quad y^2, \quad z^2,$$
$$x^1, \quad y^1, \quad z^1.$$

Il y a, de même, neuf sortes de rôles *subjectifs*, correspondant un à un aux rôles objectifs déjà connus, et tous renfermés encore dans le tableau suivant, inverse du précédent (car le Sens et l'Intellect sont inverses : le Sens est régressif, l'Intellect est progressif) :

$$x^1, \quad y^1, \quad z^1,$$
$$x^2, \quad y^2, \quad z^2,$$
$$x^3, \quad y^3, \quad z^3.$$

Le tableau des rôles *fluents* ou *transitifs* ne saurait clairement différer des deux précédents par le nombre et le genre des termes ; mais, avant de le construire, nous avons besoin de nous recueillir un moment. D'abord, souvenons-nous que les trois termes de premier degré : x^1, y^1, z^1, peuvent être mis collectivement sous la forme commune σ^1, comme les trois termes de second degré : x^2, y^2, z^2, sous la forme commune σ^2, et les trois termes de troisième degré : x^3, y^3, z^3, sous la forme σ^3 ; ce qui nous rappelle déjà leur simple distinction *absolue-relative*. Et puis, n'oublions point encore d'observer que ces trois formes réduites : σ^1, σ^2, σ^3, se confondent elles-mêmes en une seule forme *absolument absolue*, Σ ; car il est nécessaire que tout relatif se réabsorbe et confonde en l'absolu d'où il émane. Remarquant alors, en outre, que, quand la même puissance est *subjectivement* triple sous la forme σ^3, elle est *objectivement* une sous la forme σ^1, pour réapparaître *objectivement* triple quand elle est *subjectivement* une : nous concevons du même coup qu'elle est incessamment fluente ou transitive, comme ne s'arrêtant jamais en aucune de ces deux formes contraires, mais les traversant seulement, et se fixant même en ce trajet par manière d'*être virtuel* ou de *vitesse*, tandis qu'elle n'aboutit qu'en manière de *limite* infiniment petite aux deux termes extrêmes d'*être objectif* sensible ou *subjectif* intellectuel. Donc, aux deux manières d'être *intellectuelle* et *sensible* à ses limites, elle joint la manière d'être *spirituelle* en elle-même ; mais toujours son état moyen est certainement corrélatif à celui même des limites entre lesquelles elle se pose ; il ne change donc ni de degré ni de forme, mais seulement de fond, c'est-à-dire de puissance relative ; et, si (pour mieux différencier le rôle spécifique et moyen de l'Esprit) nous substituons alors aux lettres x, y, z, employées à figurer l'exercice *rationnel* des deux autres puissances, les lettres t, τ, θ, meilleurs signes de l'exercice *irrationnel* de la troisième, aussi fluente que le temps, nous aurons le tableau suivant, non moins contraire que conforme aux précédents :

$$t^1, \quad \tau^1, \quad \theta^1,$$
$$t^2, \quad \tau^2, \quad \theta^2,$$
$$t^3, \quad \tau^3, \quad \theta^3.$$

Nous avons donc, en dernière analyse, vingt-sept formes ou manières d'être dans lesquelles les trois puissances radicales s'entremêlent ou s'exaltent et se séparent ou se rejoignent en toute sorte de proportions, sans cesser pour cela d'*être ensemble* quand elles *se séparent*, ni de *se séparer* quand elles *s'unissent*, ni de *fluer* quand elles *se posent*, ni de *se poser* quand elles *fluent*. Car leur être, non-seulement absolu, mais encore relatif, n'est-il point également immense, éternel et permanent? L'immensité, l'éternité, l'immanence de l'Absolument absolu ne se distinguant point de leur immensité, de leur éternité, de leur immanence propres, ce ne sont plus alors ces infinités qui peuvent nous étonner ; et notre surprise, s'il en est, peut seulement provenir de l'opposition que nous supposons exister ou se produire en elles entre leurs manières d'être ou d'agir accidentellement et relativement au dehors; mais, là-dessus, toute difficulté doit disparaître au moment où nous considérons bien qu'elles ont, toutes et chacune, trois manières irréductibles de se poser en relation externe, et qui sont : l'une, *objective* et réelle ; l'autre, *subjective* et formelle; la dernière, *fluente* et virtuelle. Car qu'est-ce qui, pour lors, empêche de concevoir, par exemple, là où le Sens est *réel*, l'Intellect et l'Esprit simultanément posés et concourants, le premier comme *formel*, et le second comme *virtuel* ; — ou bien encore, quand le Sens commence à s'imaginariser, l'Intellect se substituant à lui comme réel, avec accompagnement prolongé de l'Esprit comme virtuel encore, etc.? L'enlèvement apparent ou l'obscurcissement apparent des puissances n'a donc point le même sens que leur entier effacement ou leur anéantissement complet. Les puissances radicales vivent, sentent ou pensent toujours; mais il leur est en quelque sorte indifférent de se poser sous forme de *pensée*, de *sentiment* ou de *tendance*; et comme, quand l'une d'elles se dépouille de l'une de ces formes, une autre s'empresse d'en hériter et l'empêche ainsi de tomber jamais à terre, leur équilibre intrinsèque ou leur harmonie fondamentale ne cesse jamais d'exister, leur infinité respective se maintient de même; et la contrariété qui se mêle à leurs états, au lieu d'en amener la fin, est au contraire ce qui leur communique forme, force et stimulants pour pouvoir durer toujours.

13. Le mystère de la *multilocation* de l'être, pour lequel tant d'hommes ont cru devoir rejeter, avec le dogme de l'Eucharistie, la vraie tradition de l'Église chrétienne, n'est donc point un mystère insoluble, une contradiction pommée, comme l'a prétendu Brucker. L'homme naturel, c'est-à-dire *initial* (§ 11), est sans doute incapable de cette dilatation d'existence sans perte

d'unité, c'est-à-dire de réalité; mais déjà la *pensée*, si prompte en ses mouvements, nous démontre que toute notre activité n'est pas contenue dans les limites de l'être *sensible* primitif. Car nous nous doublons, nous nous élargissons déjà formellement par notre combinaison de *cœur* et d'*intelligence* avec les êtres auxquels nous nous agglutinons de fantaisie : de quoi ne devons-nous donc point être capables, si, parvenant enfin un jour à tenir le Sens externe et toutes ses prétendues réalités pour vraiment imaginaires, nous pouvons échapper aux étreintes de notre corps mortel et n'exister en quelque sorte qu'en idée ? Notre esprit, absorbant alors en soi tout sentiment et toute intelligence, n'en sera pas diminué le moins du monde en longueur, largeur et hauteur, il aura seulement perdu ses limites actuelles; et, dégagé par là même tout d'un coup des formes étroites qui le retiennent captif, il sera ce qu'il était dans les pensées divines avant la création physique, c'est-à-dire un et infini tout ensemble, comme l'esprit divin lui-même.

La vie présente est, dans les desseins de l'éternelle Providence, le noviciat de la vie future, par la même raison que l'actuel est la base ou la présupposition obligée du possible. On a compris que nos trois tableaux du § 12 sont la figure des trois mondes coexistants et superposés : *sensible*, *intellectuel* et *spirituel* ; mais ces trois mondes dans lesquels nous sommes contenus diffèrent de grandeur actuelle entre eux, et le *sensible* n'est même *en apparence* le plus petit, que parce qu'il est *imaginairement* déjà le plus grand. Êtres humains, tout chétifs ou petits microcosmes que nous sommes en naissant, nous sommes loin d'apprécier même l'étroite étendue réelle de ce premier monde sensible, autre raccourci presque microscopique du monde divin. Placés alors au centre des trois mondes respectivement absolus ou superposés, nous subissons naturellement l'influence de leur grandeur croissante ; et, croissant ainsi, du moins intérieurement, comme eux, nous frémissons de nos limites, nous aspirons à nous en délivrer le plus tôt possible. Mais un œuf n'éclot pas en un jour. Le temps de l'incubation fixé par la nature ne saurait être d'un seul instant ; et nous avons appris que la *nature* est, en principe, un état divin, aussi bien que les états plus avancés de la *grâce* et de la *liberté*. Du reste, il est encore aisé de s'expliquer ces délais de l'action divine.

Quand on réfléchit sur le genre de liberté propre à l'état de nature $\frac{1^1}{1^0}$, qui est celui de l'homme ou du Sens humain, on comprend aisément par ce que nous en avons dit (§§ 10 et 11), qu'il est l'état d'un être qui *se fait* ce qu'il veut être, quand les êtres supérieurs doués des états $\frac{1^2}{1+1}$, $\frac{1^3}{1+1+1}$, sont respectivement ou ce qu'ils *sont faits* par grâce, ou ce qu'ils *doivent être* par sentiment et besoin d'harmonie. Présentement, le règne divin de l'harmonie universelle peut être désiré, mais son heure n'est pas venue évidemment. L'heure de la grâce a déjà sonné; mais son avénement n'a pas apporté le moindre changement en l'état naturel de la libre puissance humaine. Cette grâce nécessaire mais inégale explique bien pourquoi tels ou tels hommes agissent ou n'agissent point, et font ou plus ou moins en œuvres de perfectionnement ou de mérite;

mais l'explication qu'elle nous fournit reste seulement *négative* par la considération des matériaux fournis au libre arbitre chargé de les appliquer, et ne pouvant d'ailleurs les appliquer qu'en raison de leur valeur et de leur nombre. Mais par là, la question de la *coopération humaine* restant constamment réservée, la cause de notre perfectionnement se trouve toujours remise en nos mains; et, vue de notre côté, l'affaire de notre détermination est une œuvre toute naturelle dans laquelle ni le règne éternel de l'Esprit ni le système officieux et provisoire de l'Intellect n'ont aucune raison d'intervenir *activement*. Nous devons être les propres auteurs de notre destinée : le mérite suppose la responsabilité; la responsabilité suppose la puissance; et la première puissance, comme la première charité, commence par soi-même.

14. Maintenant, l'exercice de la puissance humaine est un exercice *temporel* et d'une *longueur* quelconque, variable. Pendant ce temps plus ou moins prolongé (toujours conformément aux lois naturelles, auxquelles les puissances su-

périeures savent d'ailleurs parfaitement s'accommoder, puisqu'elles en sont les fondatrices), nous recevons l'action *continue* mais *progressive* des trois mondes qui nous enveloppent, et, notre éducation se faisant par ce moyen, plus ces mêmes mondes s'élargissent insensiblement autour de nous en passant du sensible à l'intellectuel et de l'intellectuel au moral, plus aussi notre personnalité subjective s'ouvre et s'élargit. C'est alors que, subissant deux sortes de mues personnelles, nous échangeons d'abord la Nature humaine primitive pour l'angélique passagère, et puis, l'angélique une fois usée, pour la divine, qui devra durer toujours. Quand cette dernière transformation s'accomplit, les états précédents ne sont point annulés pour cela complétement, mais ils sont seulement imaginarisés. Merveilleusement agrandis dès ce moment, les êtres transfigurés voient, bien bas au-dessous d'eux, la Nature humaine à peine recouverte à leurs yeux de la Nature angélique, moins distante mais toujours fort reculée, tandis qu'ils semblent à leurs propres yeux planer dans un immense espace, vide de relations physiques et de formes apparentes, il est vrai, mais non de force, de lumière et de vie. Car, parce qu'ils sont exclusivement nourris en quelque sorte de généralités ou dépourvus de figures concrètes ainsi que d'instincts animaux, il ne faudrait point les croire aussitôt dénués d'impressions profondes ni de vives images intelligibles : au contraire, c'est parce qu'alors l'extension de leurs idées ou l'intensité de leurs sentiments passent toute mesure ou les débordent absolument, que, enivrés de leurs jouissances, ils renoncent autant à les figurer au dehors qu'à les restreindre au dedans. L'inspection seule de l'univers entier répond à leurs pensées, car il leur emprunte ses formes et les reflète ou reproduit avec la transparence et la fidélité du verre ou du cristal le plus pur. Ces formes, essentiellement supra-sensibles mais pourtant éminemment distinctes ou saillantes pour des êtres célestes, improvisés mathématiciens, nous sont déjà connues en nombre et qualité ; nous voulons parler des vingt-sept positions occupées par eux et pareilles à des cubes parfaits, dont l'ensemble se reforme en cube supérieur. Portant sur ces formes leurs regards, les Bienheureux transformés ne les *interprètent* point, ils *perçoivent* en elles leurs propres pensées, leurs sentiments et leurs actes, parce qu'elles ne sont qu'eux-mêmes, tels que la coopération à la grâce les a faits. Ainsi, — leurs *formes* n'étant pas autre chose que leur *fond* même objectivement représenté, tandis qu'ils sont eux-mêmes les représentants *subjectifs* des mêmes formes, — s'il y a jamais eu dans la parole ou dans le regard une puissance d'entraînement ou de fascination qui ravisse l'âme à elle-même, ce charme ineffable ne saurait leur faire défaut un seul instant; et, comme il leur ouvre incessamment des horizons infinis, en tout temps il les soustrait du même coup au temps réel, suivant la formule $E = VT$, où, pour $E = V = \infty$, l'on a $T = 1$.

15. Nous avons rédigé cet écrit, comme on a pu le remarquer, tout d'une haleine, et sans jamais regarder en arrière; il peut alors être utile, avant de finir, de revenir un moment sur notre travail et d'en résumer le contenu.

Nous n'avons plus à faire connaître notre méthode, assez expliquée dans nos précédents écrits;

on sait qu'elle consiste : d'abord, *à distinguer, en tout sujet, trois positions relatives indépendantes* (c'est le dogme chrétien de la Trinité) : et puis, *à les ranger par ordre de grandeur réelle ou* (par complément) *imaginaire, comme les trois ou quatre formules* 1^3, 1^2, 1^1, 1^0 (ce sont les trois lois de Képler, sous la forme $\frac{R^3}{T^2} = V'$ (ou C, constante). Dans le calcul infinitésimal, nous retrouvons les mêmes formules, et non de supérieures ; elles y sont seulement compliquées d'un nouvel élément, *l'infini*, traduit en infiniment petit et en infiniment grand. Quels sont alors le principe et le siége de cet infini qui se présente ici si extraordinairement ? Nous ne connaissons point d'Auteur qui ait franchement abordé ces questions ou autres analogues, ni surtout qui les ait clairement résolues. Arrivant alors avec notre méthode, nous avons montré :

1° Que *l'origine* de cet infinitésimal est dans le *Sens* externe toujours fluent, suivant la formule $v = \frac{d\sigma}{dt} = \Sigma - \sigma$;

2° Que le *siége* en est dans le *flux* même de cette puissance réduite au premier degré ;

3° Que la *raison* en est dans le jeu restreint et *concentré sur lui-même* de cette puissance ou de toute autre puissance analogue de premier degré.

Quant à l'existence de l'infini dans la matière, ou plutôt ses formes réelles ou virtuelles appelées *espace* ou *volume*, *temps* et *masse*, *vitesse* ou *mouvement*, elle résulte, non (ainsi qu'on semble l'admettre communément) de la préalable infinie divisibilité de ces mêmes choses, comme si l'infinie multiplication ou multiplicité des parties pouvait se concilier avec la conception de touts finis, mais (ainsi que nous l'avons établi) de la correspondance nécessairement régnante entre le *phénomène* apparent externe et le *devenir* réel interne, ou plus simplement entre l'*objectif* et le *subjectif*. Soit, en effet, donnée la formule du flux sensible :

$$v = \frac{d\sigma}{dt} = \Sigma - \sigma = \Sigma e^{-t}.$$

Le flux requis par cette formule excluant toute autre cause d'arrêt que celle résultant, par exemple, de la rencontre de deux ressorts élastiques égaux ou inégaux qui s'entravent l'un l'autre, ou de deux températures de même ou de différent degré dont chacun met obstacle au libre rayonnement de l'autre, un tel flux, disons-nous, ne comporte clairement aucune *transition* actuelle ou distincte *sensiblement* appréciable (sauf arrêt par réaction, comme il vient d'être dit) entre son début et sa fin. Donc, il se compose de parties infiniment petites.

Ces parties infiniment petites et successives dont se compose le temps réel composent aussi maintenant, suivant nous, l'étendue sensible, parce qu'il suffit effectivement de prendre ou de représenter à la fois toute une section quelconque de la série du temps pour avoir l'idée nette d'un espace objectif. Et Pascal a beau dire, à cette occasion, que deux infiniment petits ne sauraient constituer une étendue, par la raison que, si par hypothèse ils se touchaient en un seul point pour la continuité, dès ce moment ils se toucheraient de même en tous ou se superposeraient comme simples. Car, dans le temps réel, il est bien impossible que les indivisibles se touchent, puisqu'ils sont successifs, et qu'alors, quand l'un devient, l'autre n'est déjà plus. Ils se succèdent bien pourtant ; ils se suivent même d'infiniment près, la négation intercalée ne pouvant les séparer réellement. Est-ce à dire, pour cela, que la suite en soit réelle? Au contraire! Ici, rien n'est réel, et tout est imaginaire ; nul réaliste ne s'est jamais avancé, que nous sachions, jusqu'à loger (comme on l'a fait pour la *matière* et *l'espace*), le *temps* hors de la pensée des êtres intelligents qui le conçoivent. Mais, si le temps est, en masse ou dans son ensemble, imaginaire, il n'est pas étonnant que ses parties le soient. Donc deux instants indivisibles peuvent faire une longueur temporelle, parce qu'il est aussi possible à la pensée de placer deux semblables unités *à la file* qu'*ensemble*. Mais, s'il est libre ou possible à la pensée d'agir ainsi, quand elle vient ensuite à réfléchir sur son œuvre pour la représenter fidèlement, elle ne peut ne pas représenter simultanément en série les points intégrants de la longueur de temps qu'elle a déjà rangés l'un à la suite de l'autre. L'espace immobile arrive donc après le temps mobile ; mais, comme il arrive après et de la même manière, il se compose de même et il n'est à son tour qu'un tissu distinct et fini (plus ou moins grand) d'imaginarités. Enfin, le mouvement et la matière essentiellement formés d'espace, de temps et de vitesse, ne sont à leur tour rien de plus ni de moins que de pareils amas d'imaginaires. L'imaginaire marche donc constamment de pair avec le réel; mais l'imaginaire est l'objectif, le réel est le subjectif; et, parce que nous avons mis à nu la génération de l'objectif par le subjectif, nous croyons avoir donné du même coup l'exacte ou véritable interprétation philosophique du calcul infinitésimal.

TABLE DES MATIÈRES

Avant-Propos... 88
Introduction : Caractère de l'imagination *philosophique*; possibilité des définitions indéfinies ou *circulaires*; distinction des temps *rationnel* et *réel*.. 1
Représentation algébrique des trois puissances radicales en tant qu'*absolues* ou *relatives* et prises (dans les deux cas) trois à trois, deux à deux, ou une à une................................ 2
Ordre sériel des puissances ; rapports fondamentaux... 4
Définition et division du calcul infinitésimal ; ses éléments et procédés............................. 6
Ordre verticillaire des puissances.................... 9
Interprétation des trois ordres de grandeurs et résolution du mystère de la multilocation des êtres... 11
Récapitulation.. 15

FIN DE LA TABLE.

ERRATA DU N° 4

Pag. 60, lig. 17, au lieu de $\sqrt{\frac{z}{i}}$, lisez $\sqrt{\frac{i}{z}}$.
— 86, — 13, — *puissances*, lisez *jouissances*.

www.ingramcontent.com/pod-product-compliance
Lightning Source LLC
LaVergne TN
LVHW020954090426
835512LV00009B/1885